Origine & progrès

de la dévotion .

A LA

Très Sainte Vierge Marie Enfant

DITE

Maria Santissima Bambina

On trouve tous les imprimés relatifs à la dévotion à Marie Enfant :

Pour l'Italie, à Milan, chez les Sœurs de la Charité ;

Et pour la France, à Laval, chez les Carmélites-Déchaussées.

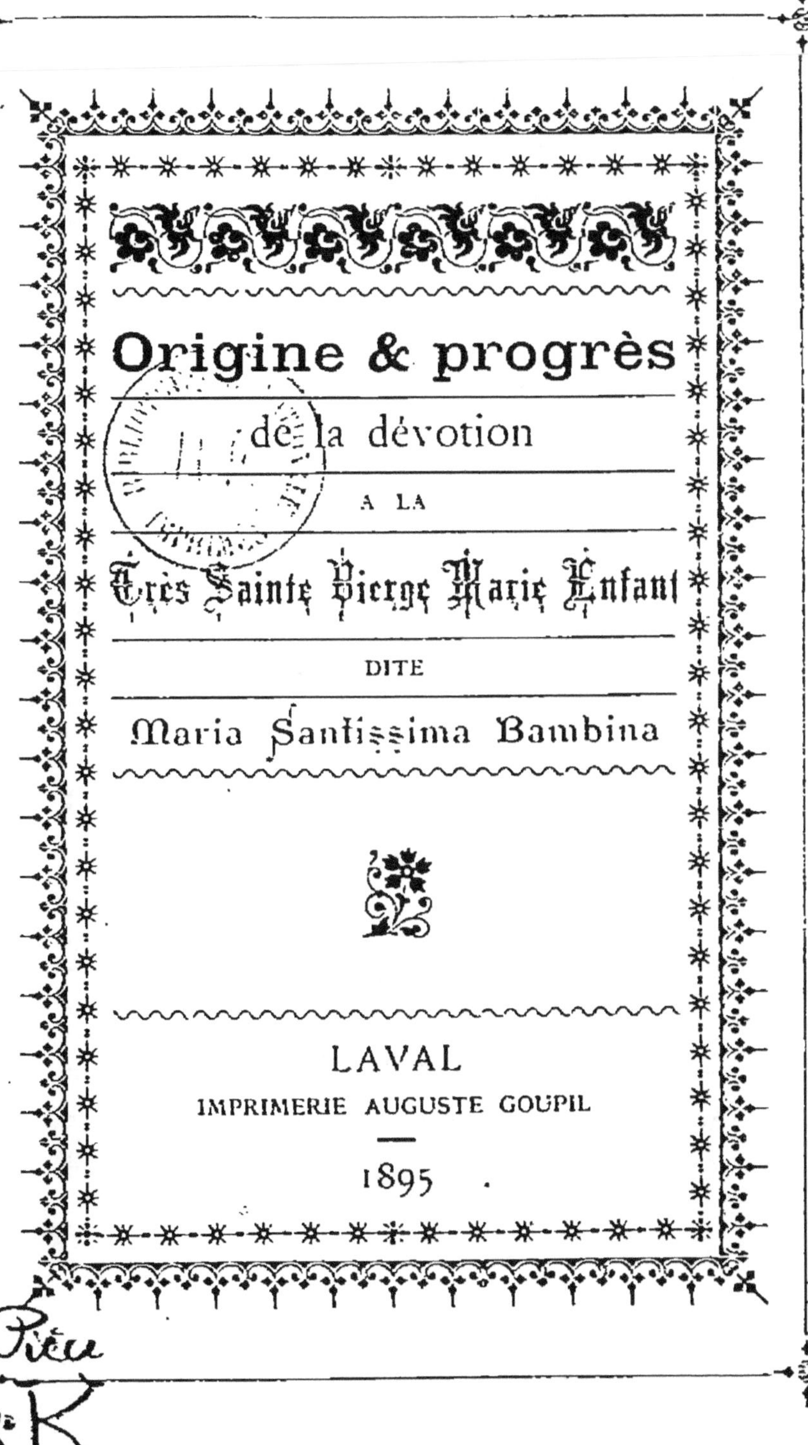

Origine & progrès

de la dévotion

A LA

Très Sainte Vierge Marie Enfant

DITE

Maria Santissima Bambina

LAVAL

IMPRIMERIE AUGUSTE GOUPIL

—

1895

ORIGINE ET PROGRÈS

de la

DÉVOTION A MARIE ENFANT

dite

Maria Santissima Bambina

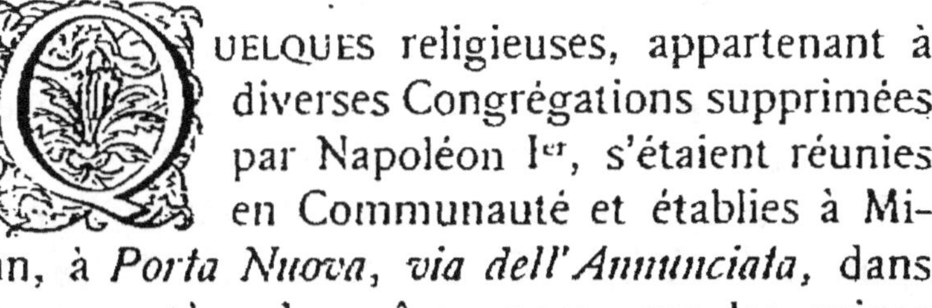

UELQUES religieuses, appartenant à diverses Congrégations supprimées par Napoléon Ier, s'étaient réunies en Communauté et établies à Milan, à *Porta Nuova, via dell'Annunciata,* dans le monastère du même nom, sur les ruines duquel s'élève aujourd'hui le palais d'Adda.

Ces religieuses possédaient une statue en cire de la Très Sainte Vierge Marie Enfant, dite *Maria Bambina ;* mais, malgré les recherches les plus sérieuses, nul n'a pu découvrir encore d'une manière certaine comment elle tomba entre leurs mains. On sait seulement, par tradition, qu'une de ces religieuses, de grande vertu, et malade depuis longtemps, la trouva un jour sur son lit, sans pouvoir arriver à connaître, ni alors ni dans la suite, par quelle pieuse main elle y avait été déposée ; l'opinion commune est que la gracieuse statue est venue du ciel.

Ce qu'il y a de certain, c'est que les religieuses de l'*Annunciata* avaient pour cette sainte image de la Vierge Enfant une très grande vénération, comme l'ont attesté depuis plusieurs personnes dignes de foi, qui se souvenaient parfaitement l'avoir visitée elles-mêmes dans la petite chapelle du couvent, où on la gardait avec beaucoup de soin et de piété ; ces personnes ont affirmé aussi avoir entendu de la bouche des mêmes religieuses le récit de grâces et de prodiges attribués à Marie Enfant.

Plus tard, la Communauté de *Porta Nuova* ayant été obligée de se dissoudre, faute de sujets, la précieuse statue fut confiée au vénérable curé de Saint-Marc, Dom Louis Bosisio, à condition toutefois de la remettre à quelque monastère de religieuses, chez lesquelles le dépôt sacré pût être, comme autrefois, l'objet du culte dont il était digne.

Mais le respectable ecclésiastique, estimant

trop chèrement la ravissante Madone, n'eut pas le courage de s'en dessaisir, jusqu'au moment où il se sentit proche de sa fin. Alors, se ressouvenant de sa promesse, il constitua héritières de son trésor les Sœurs de la Charité, fondées à Lovere par la vénérable Barthélemy Capitanio, et chargées à Milan du soin des malades de l'hôpital Ciceri.

Impossible de décrire la reconnaissance et la joie des bonnes Sœurs en recevant ce saint dépôt, et le zèle dont elles furent dès lors animées pour l'entourer de pieux hommages. Elles le placèrent dans leur chapelle intérieure, et là, chaque année, au commencement de la neuvaine faite en l'honneur de la Nativité de la Très Sainte Vierge, la chère statue était exposée avec plus de solennité et vénérée d'une manière particulière par la Communauté.

On raconte qu'une nuit, des voleurs pénétrèrent, on ne sait comment, dans cette chapelle, pour y commettre quelque larcin. Attirés sans doute par l'éclat des ornements qui brillaient sur la céleste Petite, ils la dépouillèrent de ses langes brodés d'or et des joyaux précieux dont elle était couverte, sans néanmoins la briser ni l'endommager aucunement, chose vraiment prodigieuse si l'on considère la fragilité de la cire dont elle est formée, et la célérité avec laquelle ils durent accomplir leur vol sacrilège.

Au mois d'avril 1876, ayant fondé à Milan un nouvel établissement, érigé comme Maison Mère de leur Institut, les Sœurs de la Charité y transportèrent la Vierge Enfant, qui, jusqu'à la fin de l'année 1878, continua à être exposée tous les ans dans leur église, à l'occasion du 8 septembre. Mais, vers ce temps-là, on ne sait comment, ni pour quelle cause, le culte rendu à la sainte image étant devenu moins fervent, Marie Enfant voulut, par un signe extérieur, en manifester sa peine. Son visage, auparavant si beau, devint peu à peu tout décoloré et prit une teinte jaunâtre ; dès lors, ayant perdu ses charmes, la chère statue ne fut plus exposée dans l'église pour la fête de la Nativité, mais simplement sur l'autel du Noviciat ; le reste de l'année, elle demeurait enfermée dans sa petite caisse, où elle était laissée dans un complet oubli, Dieu le permettant ainsi pour lui faire rendre dans la suite un honneur plus éclatant.

Arriva enfin le mois de septembre de l'année 1884, époque mémorable où commença l'histoire des merveilles et des gloires de la Vierge Enfant. Ce fut, en effet, le neuvième jour de ce mois qu'eut lieu, dans le couvent des Sœurs de la Charité, la guérison miraculeuse d'une de leurs Novices, telle que nous allons la raconter :

Le soir du 13 juillet 1884, cette jeune Novice, passant joyeusement avec ses compagnes le temps de la récréation, fit une chute et, en tombant, alla se frapper la tête contre un mur, en même temps qu'elle se faisait au genou droit une forte contusion. L'emploi des remèdes les plus énergiques de l'art médical, la mirent en trois jours hors d'un danger d'abord jugé grave, et, dans les quinze jours qui suivirent, elle parut entièrement rétablie. Mais peu après, des douleurs violentes se déclarèrent dans les membres contusionnés, et ces douleurs devinrent telles que, même après de fortes doses de chloral, la malade ne pouvait avoir un seul instant de repos. Le chirurgien qui la soignait remarqua alors un gonflement à l'os du genou blessé. Bientôt le mal s'étendit à tout le côté droit et le frappa de paralysie, en sorte que la malade ne pouvait plus faire aucun mouvement, même de la tête. Une si étrange complication parut être l'indice d'une lésion cérébrale et fit craindre une paralysie universelle. Or, dans la soirée du 8 septembre, une autre Sœur infirme demanda avec empressement la statue de la *Santissima Bambina*, pour l'avoir la nuit sur son lit pendant les heures pénibles qu'elle passait dans l'insomnie. Cette faveur lui fut accordée et la petite statue demeura auprès de la pauvre Sœur, qui passa une nuit bien calme dans sa douce compagnie. Le matin, la Supérieure Générale, étant entrée dans l'infirmerie pour la visite des malades, prit la sainte Madone afin de la donner à baiser aux Sœurs souffrantes. Bientôt elle arriva près de la Novice malade, dont nous avons décrit plus haut le pénible état. Celle-ci contempla quelques instants la céleste Petite, puis fit un grand effort et réussit à étendre le bras gauche pour la saisir ; la pressant alors sur son cœur, elle adressa à Marie des paroles pleines de tendresse. Soudain elle se sent capable de mouvoir et d'étendre aussi l'autre bras, complètement immobile depuis plusieurs jours. Aussitôt, des deux mains, elle prend la chère statue, la caresse et l'embrasse dans une indicible étreinte. Cependant un mystérieux frémissement parcourt tous ses membres ; ses douleurs, si vives il n'y a qu'un instant, ont cessé tout à coup. La malade délie alors elle-même ses bandages avec promptitude, se débarrasse de tout ce qui l'arrête, et saute du lit en criant : « *Je suis guérie !* » La guérison était, en effet, complète. Sans nulle faiblesse ni douleur, la Novice put demeurer debout jusqu'à cinq heures de l'après-midi, et pourtant depuis trois semaines elle gardait une diète absolue, elle avait subi l'application d'un grand nombre de sangsues et de vésicatoires, et, pour faire le moindre mouvement, il lui fallait le secours de deux infirmières.

Un tel miracle était bien de nature à réveiller la dévotion envers la Sainte Enfant. Aussi, à dater de ce moment, cette dévotion se rétablit et s'accrut merveilleusement dans la Maison-Mère des Sœurs de la Charité. Mais, de dévotion pour ainsi dire privée et locale, elle devait bientôt devenir culte public et populaire.

C'est ce qui eut lieu dès le mois de janvier de l'année suivante, 1885, à l'occasion d'une autre guérison merveilleuse obtenue, le 5 de ce mois, par l'intercession de Marie Enfant, en faveur d'une religieuse de la Vénétie, qui, sur le point de mourir, s'était levée pleine de vie et assez forte pour franchir, sans danger, cent cinquante kilomètres de distance, et venir à Milan, le cœur plein de reconnaissance, rendre grâces à sa céleste bienfaitrice. Quelques jours après, la Sainte Enfant signalait de nouveau sa puissance en guérissant à la fois l'âme et le corps d'une pauvre jeune fille, dans un hôpital d'une des principales villes d'Italie. Le bruit de ces prodiges excita l'enthousiasme et propagea rapidement la dévotion à la *Santissima Bambina*, dévotion qui a été, et continue d'être encore aujourd'hui récompensée par une profusion de grâces.

Hâtons-nous de le dire : à peine le culte de la Très Sainte Vierge Marie Enfant eut-il été remis en vigueur, que le visage de la précieuse statue recouvra, sans aucun secours humain, sa première beauté, et cette beauté toute céleste semble s'accroître chaque jour aux yeux de ceux qui la contemplent pieusement.

En 1890, la Vierge Enfant voulut se faire connaître et aimer en France, afin d'y déverser les trésors de sa tendre bonté, et. ce fut le monastère des Carmélites-Déchaussées de Laval qu'il lui plut de choisir pour répandre une si consolante dévotion, et la faire rayonner sur tous les points du royaume qui lui est consacré : *Regnum Galliæ, regnum Mariæ.*

Dès longtemps la sainte Enfance de Marie était, parmi les religieuses de ce monastère, l'objet d'un culte spécial ; mais aucune d'elles ne savait que ce doux mystère fut en Italie si particulièrement honoré, et que l'image de Marie au berceau y fût entourée de tant de témoignages d'amour et de vénération. Vers le mois de juin de cette année 1890, une petite gravure de la *Santissima Bambina,* de Milan, vint à tomber providentiellement entre leurs mains ; aussitôt elles demandèrent quelques explications chez les Sœurs de la Charité de cette ville, dépositaires, nous l'avons vu, d'un si aimable trésor. C'est ainsi que les Carmélites de Laval entrèrent en relation avec ces bonnes Sœurs, et bientôt, grâce à leur concours dévoué et tout fraternel, elles purent faire exécuter, par un artiste pieux et très habile, un *fac-simile* aussi fidèle que possible de la miraculeuse statue.

Le 8 décembre 1894, les Carmélites de Laval inaugurèrent dans leur chapelle l'exposition de la *Santissima Bambina*. Ce fut un touchant spectacle de voir, en cette solennité, l'élan des fidèles accourus en foule aux pieds de Marie Enfant pour la contempler et implorer sa douce et puissante protection. De ce jour date le progrès si rapide de cette sainte dévotion, non seulement à Laval et dans les environs, mais dans toute la France. Ceux qui ont vu la gracieuse statue de la Vierge Enfant ou qui entendent parler de la *Santissima Bambina*, demandent à avoir une de ses gravures et à connaître son histoire. D'autres vont plus loin et désirent posséder une statue semblable dans leur paroisse, ou dans les églises qu'ils fréquentent le plus souvent. Aussi la sainte image de l'Immaculée petite Marie est-elle déjà l'objet de la vénération des fidèles dans de nombreux sanctuaires, dans plusieurs pensionnats et autres établissements, dans divers monastères, et notamment chez les Révérends Pères Carmes-Déchaussés de Laghetto (près Nice), où elle fait les délices des pieux pèlerins qui la visitent dans ce sanctuaire privilégié (1).

Aujourd'hui le culte de la Très Sainte Vierge Marie Enfant a pénétré en Angleterre, en Palestine, dans des pays plus lointains encore, et même en Chine. Puisse-t-il porter en tous lieux les grâces les plus abondantes !

Notre Très Saint Père le Pape Léon XIII a daigné témoigner en plusieurs circonstances de sa dévotion personnelle envers Marie Enfant, en attachant des indulgences aux prières composées en son honneur, et en concédant des privilèges aux prêtres qui, à Milan, célèbrent le Saint Sacrifice à son autel. Dans une audience accordée en 1894 à la Supérieure Générale de l'Institut des Sœurs de la Charité de Milan, Sa

(1) Nous aimons à mentionner dans cette Notice le culte rendu à Marie Enfant, dans la ville de Nîmes, par quelques dévotes personnes, depuis une vingtaine d'années. Elles ont fait exécuter une représentation de la Vierge au berceau, mais différente de la *Santissima Bambina* miraculeuse vénérée à Milan. Des litanies et des prières en l'honneur de la Sainte Enfant ont été approuvées à Nîmes par l'autorité diocésaine.

Sainteté a spécialement béni tous ceux qui vénèrent l'image de *Maria Santissima Bambina*, et a encouragé la publication mensuelle faite en son honneur sous ce titre : « *Sourires et vagissements de Marie Enfant : Sorrisi e Vagiti di Maria SS. Bambina* ».

Nos pieux lecteurs trouveront ici avec plaisir une description succincte de la statue miraculeuse de la céleste Petite et du sanctuaire où elle est vénérée à Milan.

La statue de cire a 0 m. 62 centimètres de longueur. Les langes qui la recouvrent sont en soie blanche, garnie de dentelles de prix. Elle a un riche bonnet de rubans et de dentelles. La petite bavette est tout en perles fines. Quatre rubans d'or retiennent les langes et sont ornés de bijoux : diamants, turquoises, améthystes, rubis et autres. L'auréole de la Sainte Enfant, d'un travail fort délicat, est formée d'étoiles, dont chacune porte un diamant au centre. La *Santissima Bambina* a des yeux noirs d'une beauté indéfinissable ; leur expression suave attire les cœurs ; sa bouche légèrement entr'ouverte laisse apercevoir ses petites dents ; l'ensemble de sa physionomie est plein de grâce et de douceur : on dirait qu'elle va parler. Le gros nœud placé au pied du maillot est en filigranes d'or ; en Italie, on orne ainsi, par un gros nœud de matière précieuse, l'extrémité du maillot des enfants nobles.

Le berceau est en bronze doré ; il est ombragé de branches de lis et de roses en or et en argent massif, faites avec les cœurs d'or et d'argent donnés en *ex-voto*. Sur les deux blasons suspendus au milieu de ces fleurs, on lit : « *Ave Mater Dei ! Ave radix sancta !* » Au devant du berceau, sur le marchepied, sont placés un diadème splendide et un sceptre royal, entre deux plateaux qui contiennent trois clefs d'or et d'argent, symbolisant l'une celle des cœurs, l'autre celle de la Maison-Mère des Sœurs de la Charité, la troisième celle du Paradis.

L'autel, le dôme et les anges du sanctuaire sont en bronze doré. Le sanctuaire est pour ainsi dire pavé des *ex-voto* et des bijoux offerts par les fidèles en témoignage de leur gratitude. Les joyaux qui ornent la table de communion sont ceux qui étaient destinés à parer la Sainte Enfant, et qu'elle ne peut porter sur elle à cause de leur trop grand nombre.

Les Sœurs de la Charité ont la pieuse coutume de distribuer aux fidèles du coton bénit, qu'elles ont fait toucher au visage de la Sainte Petite. Ce coton a été l'instrument d'une foule de prodiges et de guérisons miraculeuses, en faveur de ceux qui le portent sur eux avec foi et dévotion. De nombreux exemples en sont cités dans le livre intitulé : *Le Mois de Marie Enfant, ou le Mois de septembre consacré à Marie Enfant.*

On peut se procurer ce petit volume, comme tous les autres imprimés et objets relatifs à cette sainte dévotion, chez les Sœurs de la Charité à Milan, et, pour la France, au monastère des Révérendes Mères Carmélites-Déchaussées de Laval (Mayenne).

LOUANGE, HONNEUR, AMOUR ET GLOIRE

A L'IMMACULÉE VIERGE MARIE ENFANT

IMPRIMERIE AUGUSTE GOUPIL, LAVAL